Extrait du Bulletin de la Société de Géographie d'Alger
et de l'Afrique du Nord

LA

Question Indigène en Algérie

ET

Les Musulmans français du Nord de l'Afrique

ANALYSE DE DEUX LIVRES RÉCENTS

PAR

M. Léon GAUTHIER

Chargé de cours à la Chaire d'Histoire de la Philosophie musulmane
de l'Ecole Supérieure des Lettres d'Alger,

Vice-Président de la Section technique de la Société
de Géographie d'Alger.

ALGER
IMP. TYPO-LITHOGRAPHIQUE S. LÉON
15, rue de Tanger, 15

1906

COMMUNICATION

FAITE LE 10 MAI 1906

A la Section Technique de la Société de Géographie d'Alger

ET DE L'AFRIQUE DU NORD

PAR

M. LÉON GAUTHIER

Vice-Président de la Section

LA

Question Indigène en Algérie

L'Affaire de Margueritte devant la Cour d'Assises de l'Hérault

PAR

Camille BRUNEL, Topographe principal en retraite, ancien Commissaire délimitateur

Augustin Challamel, éditeur, Paris, 1906.

Les Musulmans Français du Nord de l'Afrique

PAR

Ismaël HAMET, Officier-interprète principal à l'Etat-Major de l'Armée

Avec un avant-propos, par A. LE CHATELIER, professeur au Collège de France.

Librairie Armand Colin, Paris, 1906.

Ces deux livres que le hasard, par une singulière ironie, vient de faire paraître en même temps, forment, dès l'abord, une piquante antithèse. Les deux auteurs offrent, chacun en son genre, des garanties sérieuses de compétence. Ils se fondent à la fois sur l'histoire et sur leur parfaite expérience des Musulmans algériens. Or, ils affirment, l'un que les Indigènes d'Algérie sont inassimilables, l'autre que l'assimilation, au moins dans les centres, est presque un fait accompli. D'autant plus digne de remarque sera donc leur accord sur certains points d'importance capitale. Peut-être même l'opposition des thèses qu'ils défendent n'est-elle, presque sur aucun point, aussi irréductible qu'elle peut sembler tout d'abord.

Dans une séance de la Section technique (jeudi 10 mai 1906), nous avons donné de ces deux intéressants ouvrages une analyse détaillée, appuyée par la lecture des passages les plus saillants. Le cadre étroit d'un compte rendu ne nous permet d'en reproduire ici que la conclusion, qui en retrace, d'ailleurs, les plus grandes lignes.

L'objet essentiel de M. Brunel est, en somme, de ruiner la légende, exploitée par l'avocat des assassins de Margueritte, suivant laquelle les insurrections, en Algérie, ont pour cause notre tyrannie administrative, et surtout la spoliation des terres indigènes par l'État au profit de nos colons. L'auteur s'attache à montrer par des faits précis que l'État, non seulement s'est toujours montré administrateur équitable, mais que, par le Sénatus-consulte de 1863, et plus encore par la manière dont il en fit application, il s'est, en grand, dépouillé lui-même au profit des Indigènes, individus ou collectivités [1]. Les insurrections n'ont d'autre cause que leur fanatisme religieux, et en particulier leur croyance inébranlable à la venue du Moul-es-sâ'a (le Maître de l'heure). Du fait de leur foi religieuse, qui règle toute leur conduite, individuelle, civile, sociale et politique, ils restent volontairement séparés de nous par un abîme. Inaptes au maniement des affaires publiques, ils ne pourraient, s'ils venaient à y prendre part, qu'entraver, à leur propre détriment, le développement du pays, et faire courir à notre domination les plus grands dangers.

Avocat naturel et autorisé de ses coreligionnaires, M. Ismaël Hamet n'a eu garde, cependant, de suivre sur le terrain où il s'était placé le défenseur de Ya'qoûb : il donne, en fait, gain de cause à M. Brunel sur ce point capital. Sans doute, au lieu d'attribuer, comme lui, les insurrections au fanatisme musulman, il ne veut en voir la cause que dans l'ambition ou le mécontentement de certains meneurs. Mais il reconnaît catégoriquement qu'en 1830 les Indigènes n'étaient qu'usagers de leurs terres, que le fonds appartenait à l'Etat (voir page 238), et que le Sénatus-consulte de 1863 leur en a bénévolement abandonné la propriété ; enfin, que la colonisation européenne, loin de ruiner les anciens occupants, est indispensable à l'éducation et à la prospérité de ce qu'il appelle la « colonisation indigène ».

---

(1) M. Brunel explique, d'ailleurs, que l'État pourrait encore, s'il le voulait, rentrer immédiatement dans ses droits, et il en indique les moyens.

Comment, d'ailleurs, M. Ismaël Hamet songerait-il à récriminer, puisqu'à l'en croire, nous ne travaillons guère, dans l'Afrique du Nord, qu'au profit de ses coreligionnaires ? La race berbère (telle est sa thèse fondamentale) a successivement absorbé tous ses conquérants, mais en adoptant leur civilisation, leur langue et leur religion. C'est pourquoi, en face de la race européenne, qui s'unifie en ce moment dans le Nord de l'Afrique, sous l'égide et à l'image de la France, il n'existe en somme, quoi qu'on en dise (sauf en Kabylie et dans le Sahara) qu'un seul peuple indigène, presque entièrement unifié déjà, berbère de race, mais, à l'instar de son avant-dernier conquérant, arabe de langue et musulman de religion. Fidèle à la loi de sa destinée, ce peuple, conquis par la France, devient, et deviendra de plus en plus, français de langue et de civilisation, mais, peu à peu, il absorbera ethniquement notre race ; car à mesure qu'il se civilise, il manifeste une tendance croissante à épouser des femmes européennes, tandis que les Européens n'épousent pas de femmes indigènes : nous reviendrons tout à l'heure sur ce point. Voilà ce que l'auteur appelle *l'assimilation*. Il ne paraît pas douter un seul instant que cette perspective d'absorption ne nous soit infiniment agréable ; et il propose d'en hâter, par certaines mesures, la réalisation.

Mais n'y a-t-il pas — heureusement — dans ses prémisses, une certaine exagération, qui rejaillit sur ses conclusions ? Par exemple, il a entrepris de nous prouver que, dans les villes, l'assimilation est très avancée, assez avancée pour qu'on puisse octroyer d'emblée à tous les Musulmans des grandes villes d'abord, puis à ceux des autres centres, l'électorat à tous les degrés (sans leur ôter, bien entendu leur statut personnel, car en y renonçant, rien ne leur est actuellement plus facile que d'obtenir la grande naturalisation) ; il en donne pour preuve la liste, fort intéressante, et peut-être un peu moins courte que nous ne pensions, des Musulmans plus ou moins ralliés à notre culture intellectuelle, à nos méthodes agricoles, industrielles, commerciales. Mais ne voit-on pas que le fait même d'en pouvoir dresser une liste complète ou peu s'en faut, restreint singulièrement la portée de son affirmation, et dévoile du même coup le caractère au moins prématuré de la réforme électorale qu'elle prétendait justifier ?

On trouvera peut-être que M. Brunel, lui non plus, n'est pas toujours exempt d'exagération ; qu'il a parfois l'affirmation un peu tranchante, par exemple touchant le caractère de nos sujets musulmans et leur inaptitude à l'assimilation : en sorte que la vérité, une fois de plus, serait entre les deux thèses extrêmes. Mais l'exagération, chez les deux auteurs, n'est pas de même nature. Dans le livre de M. Brunel, elle vient surtout de la forme ; dans l'autre, je crains qu'elle ne soit davantage inhérente au fond. Autant le ton général de M. Hamet est égal, calme et détaché, autant le style de M. Brunel est animé, varié, tour à tour pittoresque, véhément, aiguisé d'ironie. Il va droit à son but, sans s'attarder aux atténuations et aux réserves. Mais s'il n'a pas pris soin de les formuler en termes exprès, il souscrirait certainement à plusieurs : et dans son livre même, bien des détails en font foi. Chez M. Hamet, au contraire, les lecteurs compétents ne manqueront pas de relever certaines formules enveloppées, dont l'ambigüité, grosse de conséquences, nous allons le voir, échappera au grand public, et l'induira en erreur. Si donc nous nous expliquons avec les deux auteurs, si nous tirons au clair toute leur pensée, nous verrons d'abord leurs thèses se rectifier en se complétant l'une par l'autre, et leur divergence décroître ; mais nous verrons du même coup se dissiper comme de simples malentendus, ou tout au moins s'atténuer, les exagérations du premier, tandis que celles du second apparaîtront plus manifestes et moins négligeables.

Notons, en premier lieu, que lorsqu'ils jugent, avec un si grand écart d'appréciation, le caractère des Indigènes et leur faculté d'assimilation, nos deux écrivains ne se placent point sur le même terrain : l'un parle de la masse, c'est-à-dire surtout des nomades, l'autre de l'élite, des citadins, par qui naturellement l'assimilation doit commencer. Sur les nomades, ils diffèrent peu : le premier les déclare inassimilables, le second ne fait pas difficulté de convenir que leur assimilation est problématique, et en tout cas, lointaine. Les voilà bien près de s'entendre.

Restent les sédentaires, surtout les citadins. Or M. Brunel, en somme, bien qu'il n'énonce pas cette réserve explicitement et sous une forme générale, n'a jamais prétendu dénier à l'élite indigène la capacité, si bien mise en lumière par M. Hamet, de recevoir notre instruction et de s'approprier nos procédés pratiques. Ce qu'il nie expressément, c'est la disposition des Musulmans, surtout des masses, même dans les villes, à une véritable assimilation *morale*. Voilà le seul *point douloureux* du débat. Sur ce point essentiel, il paraît difficile de contester que l'exagération soit surtout, non plus dans la forme, mais dans le fond, du côté de son contradicteur, et qu'elle ait sa source dans une équivoque.

Selon M. Ismaël Hamet, en effet, il n'y a point de religion plus tolérante que l'islâm, point de peuple plus tolérant que les Musulmans : étrangère à tout esprit d'intransigeance, la religion musulmane n'autorise-t-elle pas, en particulier, les « mariages mixtes », permettant ainsi la fusion des races ? Cette thèse, d'importance capitale, dans son argumentation, est, nous le savons, un lieu commun cher à ses coreligionnaires. Mais M. Brunel n'aurait-il pas beau jeu à en prendre texte pour confirmer sa propre thèse, en montrant que, dès qu'il s'agit d'idées et de sentiments d'ordre moral, nous et les Musulmans, même beaucoup de Musulmans très avancés, nous n'entendons plus les mêmes choses par les mêmes mots. On nous parlait tout à l'heure d'assimilation, et cela voulait dire notre absorption. On nous parle de « mariages mixtes », de tolérance, et voici, au fond, ce que cela signifie. La religion musulmane a fort habilement pourvu à ce que son peuple eût la faculté de s'assimiler d'autres races sans s'assimiler *moralement* lui-même à aucune d'elles : il lui a suffi pour cela d'autoriser le *mariage du Musulman avec une Juive ou une Chrétienne, en interdisant absolument celui de la Musulmane avec un non-Musulman.* En parlant des « mariages mixtes », M. Ismaël Hamet laisse, malgré son importance majeure, ce dernier point dans l'ombre. N'est-ce pas là vicier à l'avance toutes ses conclusions ? Car voyez les conséquences : Les Musulmans citadins, devenus en masse, comme il le veut, citoyens français, soit partiellement (électorat et statut personnel), soit complètement (éligibilité, plus de statut personnel), continueraient, dans la mesure où ils resteraient musulmans de religion ou de mœurs, à prendre nos filles en nous refusant les leurs, à fréquenter nos maisons en nous interdisant leur foyer, etc. : ils placeraient ainsi les Français d'origine, qui leur auraient concédé leurs propres droits, dans un état d'infériorité morale et sociale, en attendant de les absorber. Croyant accorder l'égalité, n'est-ce pas notre déchéance que nous aurions signée ? M. Ismaël Hamet ne tente même pas de nous rassurer sur ce danger : il semble ne pas l'apercevoir. Mais comment parler encore de tolérance musulmane, j'entends d'une tolérance véritable, dans le sens qu'on donne, en Europe, à ce mot ? Comment soutenir que l'obstacle religieux, qui ne vient pas de nous, est une pure légende ? Et s'il existe, par quels moyens le supprimer, tant que les Musulmans resteront musulmans... ou tant que le peuple français n'aura pas, en masse, embrassé l'islâm ?

Le problème est redoutable. Gardons-nous d'en dissimuler les difficultés : nous ne ferions que les aggraver. On n'en peut entrevoir la solution que dans le progrès, chez les Indigènes, de l'indifférence religieuse et de la libre-pensée : si l'Arabe, le Berbère, sont moralement inassimilables, c'est seulement en tant que musulmans. Mais M. Ismaël Hamet lui-même, qui indique, timidement, cette éventualité, n'ose pas la déclarer prochaine.

La conclusion s'impose donc : il convient d'attendre pendant quelques générations, que cette cause d'assimilation morale, la seule vraiment efficace, ait exercé une influence profonde, pour songer à consacrer, par une loi électorale, l'évolution qu'elle produira peut-être, mais qui demeure, pour l'instant, le secret de l'avenir.

Léon GAUTHIER,

chargé de cours à la Chaire d'Histoire de la Philosophie musulmane
de l'Ecole Supérieure des lettres d'Alger

www.ingramcontent.com/pod-product-compliance
Ingram Content Group UK Ltd.
Pitfield, Milton Keynes, MK11 3LW, UK
UKHW021724090726
13657UKWH00005B/2453